Tu hijo no es perfecto

Guía para reflexionar ante un diagnóstico prenatal

Victoria Uroz Martínez

Dedicado a Vega, en su segundo cumpleaños,

y a sus padres.

Dedicado a mi madre: sólo ella sabe por qué.

Índice

Capítulo 1

¿Quién es usted para meterse en mi vida?

Tiene usted toda la razón. No nos conocemos y nadie nos ha presentado. ¿Quién soy yo, la autora, para meterme en su vida?

Además, voy a tomarme la confianza de llamarle de tú. Esto ya sí que es un exceso…

Me presento: soy una médico que lleva once años dedicada a la docencia universitaria y a la investigación, ha cursado varios masteres, ha recibido becas, diversos premios y condecoraciones, ha cursado la especialidad de Medicina Legal y Forense y ocupa actualmente una plaza como Médico Forense titular del Ministerio de Justicia. No es preciso señalar nada más porque no es lo más relevante para explicar mi experiencia en el área de la que trata el presente libro.

Lo relevante para la causa que nos ocupa es que desde hace casi diez años colaboro activamente en la ayuda a la mujer embarazada y a sus familias desde diversas instituciones sin ánimo de lucro[1]. También iniciamos desde

---

[1] Soy presidenta de la Fundación Línea de Atención a la Mujer (www.lineadeatencionalamujer.es), con el número 900 500 505 – gratuito y 24 horas – de atención a embarazadas con problemas, además de colaborar con otras decenas de entidades de toda España en la atención a familias con diversas necesidades.

una asociación el acompañamiento a las mujeres y hombres que se habían visto implicados en un aborto provocado, de forma que en esta situación, tan dolorosa y poco conocida, no se encontraran solos[2].

Entre ambas instituciones, hemos atendido ya a más de 10.000 embarazadas y/o madres de las más diversas circunstancias sociales y familiares, residentes en toda España.

Por eso puedo decirte lectora o lector, que conozco muy de cerca los sentimientos que despierta un embarazo inesperado o no planificado, así como aquellos en los que se descubre que el feto podría contar con una malformación o enfermedad.

Y aquí hemos llegado a la respuesta de la pregunta que lleva de título este primer capítulo. ¿Qué puede aportarte leer lo que te diga una profesional sanitaria que ha atendido a miles de personas en una situación parecida a la tuya? Si tú eres única, ¿qué puede importarte lo que le pase al resto del mundo?

Yo creo que, a través de la experiencia vivida gracias a tantas madres atendidas, puedes conocer cómo es posible que tu hijo o hija no sea perfecto, aceptarlo y entregarte a la mayor de las aventuras: ser madre, ser padre.

---

[2] En el año 2004 iniciamos la Asociación de Víctimas del Aborto (AVA), cuya web es www.vozvictimas.org, que es una entidad sin ánimo de lucro que presta atención psicológica y social tras la pérdida de un hijo tras el aborto provocado.

PERMISO PARA ENTRAR

Pero no quiero meterme en tu vida sin tu permiso. Quiero que me invites a acompañarte. Ya me he presentado y también quiero conocerte, conoceros. Por ahora sé que estás, sola o con tu pareja, debatiéndote entre el aborto y el nacimiento de un hijo con una malformación. Tienes mucho miedo, indecisión, rabia, desesperación… Te arrepientes de lo que hiciste durante tu embarazo, de lo que comiste, de lo que bebiste, de tu edad, de la de tu pareja, de haberte casado, si lo estás, e, incluso, de haber querido tener un bebé. Te arrepientes de ser tú y quisieras ser otra.

Te sientes fracasada y, si eres el padre, fracasado porque tu hijo "viene mal", es "un malformado", será "un estorbo social", "un vegetal", morirá joven, estará "solo", siempre "dará lástima"… Al menos eso te ha dicho casi todo el mundo, médicos y otros sanitarios incluidos.

¿Me estoy acercando a tus sentimientos?

Si es así, te invito a que te tomes un día para ti: sé egoísta. Te invito a que leas este breve libro antes de tomar una decisión sobre el aborto de tu hijo: que sueñes, que llores, que imagines, que te hundas en el abismo y que te levantes. Que reflexiones. Que sufras tu pérdida, un duelo, una metamorfosis voluntaria que te hará una mujer, un hombre, más completo. Una madre, un padre.

Y después de todo esto, es el mejor momento para que tomes, que toméis, la decisión. Un día, sólo un día. Ya de antemano te doy las gracias. Muchas gracias.

Comenzamos.

Capítulo 2

¿Por qué mi hijo tiene una malformación?

Menuda pregunta. Me he quedado sin respuesta. Como los médicos a los que ya se la has formulado. Pero quiero, no obstante, intentar responderte desde la ciencia y desde la vida.

LA MEDICINA NO TIENE LAS COSAS CLARAS

La ciencia nos enseña que todo lo que comienza a existir tiene una causa. Por eso tu pregunta está muy bien formulada. Si mi hijo o hija tiene una malformación, tiene que ser por algo. Las radiaciones con alto grado de ionización como los rayos X, los fármacos teratógenos, algunos metales pesados como el metilmercurio, el déficit de ácido fólico o de yodo, las carencias alimenticias graves o determinadas infecciones víricas, son algunas causas científicamente demostradas que producen alteraciones en el desarrollo de la gestación del bebé, ya sea infringiendo daño en su genoma – la biblioteca de instrucciones que hay en cada célula - o bien directamente en sus tejidos y órganos. Son causa de defectos congénitos, es decir, aquellos que se manifiestan desde el nacimiento. A nivel mundial, los expertos señalan que la frecuencia de los defectos que se detectan al nacer es de un 2-3%[3]. Y del total de estas alteraciones, sólo se conoce la causa en un 40-50% de los nacidos con estos defectos: un 70% son de causa cromosómica, un 20 – 25% serían génicas y alrededor de un 15 – 10% de causa ambiental.

Si no es por algo, será por alguien… Y de las teorías físicas se pasa a las acusaciones personales. ¿Qué hemos hecho mal? Seguro que se te ha pasado por la cabeza pensar que la culpa la tienes tú, mujer: ya tienes más de 35 años, o en tu familia había antecedentes, bebiste un par de copas de vino, no tomaste el ácido fólico... O no se te ocurrió hacerte ninguna prueba de diagnóstico prenatal porque se te olvidó, la rechazaste por motivos personales o se le olvidó ofrecértela al médico.

Y qué decir del padre: pensarás que nunca se ha cuidado, que tiene ya más de 40 años, que usaba una serie de cremas que se han relacionado con problemas en la división de los gametos según un artículo de una revista…

Las malformaciones o defectos congénitos en nuestro medio habitual se diagnostican generalmente mediante ecografía, análisis sanguíneos con cribado bioquímico y la amniocentesis, si bien existen otras técnicas más invasivas todavía como la biopsia corial o la cordocentesis. Según la estadística existente en España, los defectos congénitos más frecuentemente detectados son Síndrome de Down o Trisomía 21, Trisomía 16, Trisomía 18, espina bífida y otros defectos del tubo neural, anencefalia, microcefalia y

---

[3] Fernández-Frías M.L. Características generales de los defectos congénitos, terminología y causas. Semergen 2010; 36:135–139.

malformaciones cardíacas, de la formación del labio o paladar y de las extremidades.

La realidad es que las investigaciones muestran que las malformaciones relacionadas con trisomías o delecciones cromosómicas tienen su origen al principio del embarazo en las primeras divisiones del cigoto, o incluso antes, cuando el óvulo o el espermatozoide que al unirse dieron lugar al cigoto ya portaban dicha alteración genética. Además, en la mayoría de las trisomías, es el gameto femenino el que aporta la alteración genética al cigoto[4]. Y la causa de que dicha alteración cromosómica de los gametos o cigoto se haya producido está relacionada con numerosos factores, como por ejemplo, la edad de la madre, pero otros muchos todavía no están completamente determinados.

¿POR QUÉ ME HA TOCADO A MÍ?

Hasta aquí la ciencia, como se ve, muy limitada. ¿Qué decir desde la experiencia de la vida? ¿Por qué mi hijo, justo mi hijo y no el de la vecina, tiene una malformación? Realmente no hay explicación humana en numerosas ocasiones, salvo entender que era un hecho posible desde el punto de vista lógico y científico: entre las miles de combinaciones potenciales de gametos femeninos y masculinos y de los resultados de las primeras divisiones del cigoto, justo ésa ha prosperado en tu bebé.

---

[4] Nicolaidis P., Petersen M. Origin and mechanism of non disjunction in human autosomal trisomies. Human Rep 1998; 13:313-319.

Cada vez es más patente que el genoma humano es un universo de preguntas, y los científicos se debaten para conocer la diferencia entre la variación de su composición por características personales y aquellas combinaciones que realmente son patológicas. Todavía no conocemos para qué sirven amplias áreas de dicha biblioteca de los genes de la célula. Todo es mucho más complejo de lo que se creía ya que la mayor parte de enfermedades que se consideran asociadas a los genes tienen como causa una interacción compleja entre la carga genética individual y el entorno en que se expresa[5]. Si no sabemos bien el significado de la composición de todo el genoma ¿Cómo podemos, entonces, diferenciar lo "normal" de lo "anormal"?

Por otra parte, el propio Ministerio de Sanidad en España señala en el documento marco de 2006 ya citado que "La tendencia general es a sobrevalorar el riesgo de las mujeres mayores de 35 años, y la capacidad diagnóstica de los métodos invasivos. Por otra parte, el riesgo asociado a dichos procedimientos tiende a valorarse como muy bajo, cuando en realidad es *generalmente superior* a la probabilidad de encontrar una alteración cromosómica en el proceso." Es decir, las embarazadas se están sometiendo a unos graves riesgos para la salud de su bebé en desarrollo, como su lesión o su aborto tras la amniocentesis, que son superiores a la

---

[5] Grupo de Trabajo del Ministerio de Sanidad y Consumo Subdirección General de Cartera de Servicios y Nuevas Tecnologías Dirección General de Cohesión del S.N.S. y Alta Inspección Secretaría General de Sanidad. 2006. Guía para la prevención de defectos congénitos. Centro de Publicaciones del Ministerio de Sanidad y Consumo.

probabilidad de que el resultado señale un defecto congénito.

En tu hijo se ha dado una enfermedad cromosómica o física conocida, o un síndrome patente y diagnosticable. En pleno siglo XXI conocemos muchas más enfermedades o variaciones génicas que hace 50 años. Pero, al igual que todos los seres humanos, hay otras numerosas dolencias o enfermedades asociadas con variables genéticas que también están presentes en ese bebé en desarrollo, aunque no se hayan detectado en la amniocentesis o en el cultivo celular.

Me pregunto: ¿Qué hay de extraño en que a tu hijo o hija se le haya detectado una enfermedad? La detección génica "anormal" que se le ha hecho a tu hijo, o esa malformación física que se le ha visto en la ecografía es una alteración o enfermedad que le han diagnosticado intraútero, antes de nacer. Podría habérsele diagnosticado *después* de nacer, pero, gracias al desarrollo científico médico, se le ha detectado *antes*.

La Ginecología y Obstetricia ha desarrollado subespecialidades como la Fetología, que están orientadas específicamente a diagnosticar, tratar y curar al ser humano embriofetal enfermo. Y, en Medicina, llegar *antes* es, supuestamente, llegar mejor.

Un bebé es el ser humano en su etapa más frágil y pequeña, siempre al borde de su extinción. Por eso tiene unos padres, porque precisa de miles de atenciones y cuidados. Y, como expresión de ese desvelo por los pacientes más pequeños, la Medicina se ha volcado y ha desarrollado herramientas e instrumentos de una precisión increíble. Cuando nace un bebé, su vida se debate entre la vida y la muerte en numerosas ocasiones, que han quedado aminoradas gracias al desarrollo de la Neonatología y la Pediatría: infecciones, alteraciones metabólicas, déficits enzimáticos, intolerancias alimenticias, hipersensibilidades inmunológicas... Por no hablar de los traumatismos, los accidentes por intoxicación, electrocución, ahogamiento...

El "problema" que se plantea en el diagnóstico prenatal es que gran parte de las alteraciones o enfermedades que se diagnostican no tienen terapia conocida hasta el momento. Son enfermedades denominadas "incurables": un feto Síndrome de Down lo será siempre porque no sabemos cómo hacer en la actualidad para eliminar o esconder ese cromosoma extra.

La enfermedad, como bien sabemos, no es sólo característica de los embriones o fetos. Todos vamos a enfermar de dolencias asociadas a la herencia o que nuestro genoma tiene determinada tendencia a adquirir, potenciadas además por los elementos externos traumáticos que puedan incidir en nuestra salud. Y muchas de ellas serán incurables. Al final, más tarde o más temprano, nuestra vida acabará en un agotamiento de los sistemas que se encuentran imbricados en un cuerpo vivo, de forma que la división celular y su regeneración se habrá enlentecido o agotado y, posiblemente, otras células patológicas que no se han podido eliminar adecuadamente ocasionarán alteraciones que nos conducirán a la muerte, con un cáncer, por ejemplo.

No tendría sentido conocer todo el genoma de una persona antes de que naciera para así poder conocer qué enfermedades podría tener. Porque en la mayoría de los casos, es sólo una probabilidad de enfermar: casi no existen las certezas médicas. Bueno, tendría sentido analizar los genes de todos los bebés en desarrollo si fuéramos los ciudadanos de una película de ciencia ficción y nos produjeran en serie y nos eliminaran si existiera alguna tara de forma automática. Este tipo de sociedades ya fueron descritas por Aldous Huxley en "Un mundo feliz" y por George Orwel en "1984".

Pero ésa es otra historia, que merece otro libro y nos alejaría de la cuestión principal que estamos tratando: me has dejado acompañarte porque tu hijo tiene una malformación y te estás planteando abortar. Porque ya has conocido sus alteraciones genéticas o físicas antes de que nazca, y, además, éstas no tienen "curación".

Capítulo 3

¿Por qué todo el mundo me dice que aborte?

Voy a contestar de forma totalmente sincera, después de todos estos años de escucha a embarazadas. Todo el mundo te dice que abortes porque existe miedo a lo desconocido, porque existe terror al dolor. Porque nadie quiere meterse en problemas. Porque la propia ciencia médica ha comenzado a dudar de la naturaleza humana, de su capacidad de acogida, de entrega y de amor. Porque esperan que, ante la explicación racional del "futuro" de tu hijo, respondas de forma racional. El razonamiento sería así: Si tu hijo está o podría estar enfermo y puedes evitar que nazca, entonces *debes* abortar. Triunfa la doctrina de que todo lo que es *posible* técnicamente hacer, se *debe* hacer, y que el fin justifica los medios.

¿Ahondamos más?

Los profesionales sanitarios que han participado en el diagnóstico prenatal y que transmiten la noticia del resultado de una malformación genética o física, casi siempre lo hacen con el consejo de que se realice el aborto. Es un consejo que, a menudo, no se ha pedido, pero que ellos en la mayoría de los casos lo suelen dar. En parte puede entenderse porque, en España, la legislación anterior y la vigente en torno al aborto o "interrupción del embarazo" incluye esta posibilidad y, si no informa a la embarazada, el profesional puede ser demandado[6]. Para nuestra legislación, este ginecólogo estaría privando de un "derecho" positivo a la mujer.

Pero no hay que olvidar que es un deber deontológico de los ginecólogos atender tanto a madres como a hijos. El feto enfermo también es paciente de estos, y han estado cuidándolo durante todo el embarazo. No en vano, los expertos señalan que este tipo de aborto viola la Convención

---

[6] En España, la ya derogada Ley Orgánica 9/1985 contaba con un tercer supuesto que despenalizaba el aborto en el caso de que "se presuma que el feto habrá de nacer con graves taras físicas o psíquicas, siempre que el aborto se practique dentro de las veintidós primeras semanas de gestación y que el dictamen, expresado con anterioridad a la práctica del aborto, sea emitido por dos especialistas del centro o establecimiento sanitario, público o privado, acreditado al efecto, y distintos de aquél por quien o bajo cuya dirección se practique el aborto".

En la vigente Ley Orgánica 2/2010 española, se incluye en el artículo 15: "Excepcionalmente, podrá interrumpirse el embarazo por causas médicas cuando concurra alguna de las circunstancias siguientes: (...) b. Que no se superen las veintidós semanas de gestación y siempre que exista riesgo de graves anomalías en el feto y así conste en un dictamen emitido con anterioridad a la intervención por dos médicos especialistas distintos del que la practique o dirija. c. Cuando se detecten anomalías fetales incompatibles con la vida y así conste en un dictamen emitido con anterioridad por un médico o médica especialista, distinto del que practique la intervención, o cuando se detecte en el feto una enfermedad extremadamente grave e incurable en el momento del diagnóstico y así lo confirme un comité clínico."

Internacional sobre los Derechos de las Personas con Discapacidad de 2006[7].

CUANDO LOS MÉDICOS NO INFORMAN

El hecho de que el ginecólogo frecuentemente recomiende el aborto es lo que han transmitido cientos de embarazadas atendidas en las entidades sin ánimo de lucro en las que colaboro, y dicho comportamiento aparece referido en publicaciones científicas sobre el tema[8].

Skotko en 2005 señaló que de 115 embarazadas que fueron diagnosticadas mediante amniocentesis que su hijo/a era Síndrome de Down casi la mitad se sintieron presionadas a tomar una decisión inmediata sobre la continuidad del embarazo.

Este mismo artículo, que entrevistó con profundidad a un grupo de madres, aportaba unas recomendaciones muy interesantes de éstas para los médicos implicados en el diagnóstico prenatal. Entre otras, señalaron que debía explicarse claramente que los resultados de la prueba triple

---

[7] Palacios A. ¿Por qué el aborto eugenésico basado en discapacidad es contrario a la Convención Internacional sobre los Derechos de las Personas con Discapacidad? Informe elaborado para el Comité Español de Representantes de Personas con Discapacidad (CERMI) en 2010.

[8] Skotko B.G. El diagnóstico prenatal de síndrome de Down: derecho de las madres a la información. American Journal of Obstetrics and Gynecology 2005; 192:670-677.

(o cuádruple) sérica tienen sólo un valor de evaluación de riesgo, y no se trata de un resultado positivo o negativo. Muchas madres del estudio entendieron que esa prueba tenía un valor diagnóstico todo o nada, incluso después de que sus ginecólogos les dieran los resultados. Las pacientes sugirieron que ha de explicarse la sensibilidad y valor predictivo de forma que las madres lo entiendan.

Otra recomendación que se realizó por parte de las madres fue el hecho de que los médicos no empezaran dando el diagnóstico prenatal diciendo "Lo siento mucho", o "Por desgracia, tengo que comunicarles malas noticias". Esto implica ya el hecho de que el resultado es una catástrofe para el médico, y así se lo transmite a la embarazada.

Y lo más criticado por las embarazadas en el estudio de Skotko fue que no se dispusiera en numerosos casos de información actualizada sobre el Síndrome de Down: información clínica sobre la salud de estos niños, relatos positivos que demuestren el real potencial y sus posibilidades, y que no les pusieran en contacto de grupos de padres o entidades de apoyo expertas en este colectivo.

Visto este estudio que hemos mostrado como ejemplo, unido a nuestra amplia experiencia, es notorio cómo los ginecólogos no dedican el tiempo y delicadeza necesarios para dar la noticia de los resultados del diagnóstico prenatal. ¿Por qué no invierten el mismo tiempo, al menos, que al explicar un tratamiento para un cáncer, o el mecanismo de una resonancia magnética? ¿Por qué no explican los sesgos que tienen tales detecciones, sus límites y fallos?

Seguro que a vosotros os ha pasado lo mismo. Seguro que, como persona, te has sentido ignorada y maltratada. En sólo cinco minutos te han dado una información que es para toda la vida… Y te han pedido que tomes una decisión, enseguida.

Capítulo 4

Mi hijo va a sufrir y no va a ser feliz

La frase que lleva como título este capítulo es el pensamiento que invade a un elevado porcentaje de madres que hemos conocido con su resultado "patológico" del diagnóstico prenatal.

LAS FALACIAS SOBRE TU HIJO O HIJA

Vamos a meditar sobre estas afirmaciones categóricas que seguro que están por tu mente, en relación a tu hijo, a tu hija "diferente":

"Yo no quiero tener este hijo porque va a sufrir".

"Si lo tuviera sería una egoísta".

"Si pienso en él, debería evitarle que naciera".

"En una vida llena de dolor, nunca podrá ser feliz".

"Yo quiero que mi hijo tenga calidad de vida".

"Mi hijo va a ser un estorbo para el resto de la familia".

"Cuando yo sea mayor, mi hijo estará solo y nadie lo cuidará".

"Ya tendré otro hijo sano más adelante".

No sé por dónde empezar. Todo lo que has leído en las afirmaciones anteriores forma parte de tu mecanismo de defensa, de forma que, para integrar y convencerte de lo "adecuado" del aborto, tu mente está racionalizando los hechos objetivos que encuentra, entrando en la irracionalidad, como veremos a continuación.

La primera sospecha que deberías tener de que no son muy racionales las aseveraciones que hemos listado es que te aparecen en tu pensamiento como "verdades absolutas" irrebatibles. Toda verdad es razonable y razonada, por eso te voy a proponer las siguientes hipótesis.

"No hay amor sin sufrimiento".

Como señaló el doctor Gregorio Marañón "Amar y sufrir es, a la larga, la única forma de vivir con plenitud y dignidad". El sufrimiento es una vivencia interior que surge cuando lo que estimamos corre peligro, es lesionado o dañado. ¿Crees que tu hijo o hija discapacitado son excepcionales porque van a sufrir? ¿Quién no va a sufrir? Sólo no sufre el que no ama.

"No hay felicidad sin dolor".

Si alguien quiere ser feliz, tiene que estar preparado para el dolor. Durante su vida, tu hijo o hija irá conociendo qué le acerca a su plenitud y qué no, gracias a su adquisición de capacidades y virtudes. Gracias a la vida en el seno de una familia, a sus amistades, a la educación y la formación. En su crecimiento personal conocerá el dolor, que surge en la separación, en las pérdidas, al luchar contra sus defectos y sacar de sí su mejor yo.

"No podemos quitar sufrimiento a los demás, pero sí intentar aliviárselo".

Resulta que amar y sufrir es una actividad personalísima. Aunque quisiéramos, no podríamos quitar ni un gramo de sufrimiento a otra persona. No podemos sufrir por nuestro hijo, de forma que él quede liberado. Cuando señalas que no quieres que tu hijo o hija viva porque crees que va a sufrir, examina si, en el fondo, lo que quieres es evitarte sufrir tú. No es egoísta amar a tu hijo o hija y traerle a la vida: no es compatible el egoísmo con el amor, si bien la pugna de ambas actitudes profundas siempre estará presente en la vida de una persona.

Lo que sí que podemos es acompañar en el sufrimiento, apoyar con alegría y cuidados. Y parece, entonces, que el sufrimiento se divide.

"No hay calidad de vida, sino vida con cuidados y amor".

¿Qué es la calidad? ¿Hay un control de calidad en las personas? El término calidad de vida es subjetivo y utilitarista y no puede servir para decidir quién puede vivir y quién no. Si alguien precisa más cuidados, para eso está la familia y la sociedad ¿no? Para ello ha crecido y mejorado nuestro Estado social.

"Un hijo nunca es un estorbo: siempre es un regalo".

¿Cuándo algo o alguien es un estorbo? Cuando obstaculiza la felicidad de los demás. Como la persona es un fin en sí misma, ninguna persona sobra. Nadie existe por casualidad, sino que tiene una misión en el mundo. Y la misión de tu hijo o hija no es ser un estorbo. Es ser tu hijo, es ser tu hija. Tu hijo o hija discapacitado no sobra.

Voy a ahondar un poco más en esta idea, que, personalmente me apasiona: el verdadero sentido de la vida de una persona es ser un regalo. Por eso, hasta que uno no se entrega, no sabe realmente quién es. ¡Está envuelto y no puede verse!

Es en la acción de darse, cuando uno se conoce, ya que entra en acción, en su acción más genuina. ¿Para qué está si no, un regalo? Para regalarse. De ahí que sólo cuando uno se da, es cuando se revela a sí mismo. Y ese conocimiento propio aporta seguridad y, sobre todo, felicidad. Uno piensa: ¡ya sé para qué estoy en la vida! ¡Ya sé quién soy! Estoy segura de que lo has experimentado.

Parece que la felicidad consiste en "regalarse" y aceptar los "regalos" que suponen los demás. Cuando uno acepta al otro, da sentido y plenitud a la donación de éste.

Volvemos a tu situación concreta. Fíjate bien ahora en tu hijo o hija: ha llegado como un verdadero regalo, de forma inesperada. Él ya se está entregando como es y no tiene nada que esconder. Tu hijo dejará de parecer "un estorbo" cuando le aceptes como el regalo que él es. Es él mismo, ella misma.

"Cuando tú seas mayor, tu hijo contará con apoyos, ya que tu familia no se acaba contigo".

¿Por qué crees que los demás no sabrán cuidar de tu hijo o hija cuando tú no estés? Tu hijo o hija tiene toda su vida por delante y habrá mucha gente que también le querrá y os ayudará. Comenzando por el resto de tu familia, tus otros hijos, sobrinos, nietos, y los miembros de las entidades de ayuda y de apoyo que os presentaré. No creas que eres insustituible en el cuidado de tu hijo: eres muy importante, pero tienes toda la vida por delante para que, cuando tú faltes, haya personas maravillosas que cuiden, si es preciso, a tu hijo o hija.

"¿Cómo puedes estar segura de que tendrás más hijos, y, además, sanos?".

La idea de que ya vendrá otro hijo sano después y que mejor intentarlo más adelante es una falacia que suele consolar a las parejas cuando se encaminan hacia el aborto del hijo con malformación.

¿No será que quieres controlarlo todo? ¿Qué pasará si vuestro próximo hijo vuelve a tener un problema congénito? ¿Vais a proceder a abortarle igual? ¿Hasta cuándo seguiréis buscando que aparezca el hijo, supuestamente, sano?

Y ya hemos visto que, objetivamente, nadie está "absolutamente sano". En el transcurso de nuestra vida adquiriremos enfermedades, infecciones, podemos sufrir atropellos, intoxicaciones… ¿Qué pasará si ese hijo sano padece alguno de estos problemas después de nacer?

Capítulo 5

¿Qué me pasa después del aborto?

Poco se ha divulgado acerca de los efectos sobre la salud de la mujer de un aborto tras conocer que el bebé tiene una malformación o enfermedad física. No obstante, sí que existen numerosas publicaciones científicas que alertan de los efectos que tiene sobre la madre el aborto tras un diagnóstico de malformación.

Ya de por sí, el aborto provocado es un hecho traumático, pues, desde el punto de vista médico, es la pérdida violenta de un hijo. El duelo que se inicia como consecuencia de esta pérdida queda bruscamente bloqueado y no puede desarrollarse debido a múltiples factores: el silencio y secretismo con el que ha vivido el aborto; el abandono de la familia y/o pareja tras haber colaborado en el aborto; el mecanismo de defensa de la negación; la falta de un espacio adecuado donde poder expresar el dolor ante la pérdida, a veces buscada e incluso "deseada", de ese hijo o hija. El mecanismo primario que acontece es la rotura violenta del vínculo de apego entre madre e hijo, además, buscado de una forma voluntaria por la propia madre, sin existir ninguna causa objetiva médica de necesidad.

Tienes derecho a conocer que el aborto en tu situación, además de las implicaciones sobre la vida de tu hijo, podría tener graves riesgos sobre tu salud psíquica, especialmente si el aborto se realiza a partir del segundo trimestre del embarazo[9]. Este hecho no es aislado, sino que la bibliografía científica señala desde los años 80 que un aborto de un bebé enfermo o malformado afecta de forma extensa en el tiempo a un gran grupo de mujeres así como a sus parejas[10].

Podrías pensar que estas publicaciones son "inventadas" por científicos que deseen convencer a las mujeres para que no aborten. Esto podría sospecharse si sólo hubiera uno o dos hospitales que realizaran dichos artículos. Pero la realidad es que hay numerosos estudios internacionales que demuestran que el aborto por causa de malformación fetal produce sintomatología de depresión y trastorno por estrés postraumático en un porcentaje elevado de mujeres, comparando con otras embarazadas y con mujeres que tuvieron a su hijo en las mismas circunstancias.

En concreto, la mayoría de los estudios remarcan que las mujeres que abortan debido a una malformación fetal experimentan un duelo tan intenso como el de la pérdida fetal próxima al parto, pero con un componente de sentimiento de culpa muy intenso, dada su participación activa en la finalización de la gestación[11].

---

[9] Davies V. *et al.* Psychological outcome in women undergoing termination of pregnancy for ultrasound-detected fetal anomaly in the first and second trimesters: a pilot study. Ultrasound Obstet Gynecol 2005; 25:389–392.

[10] Turchetti D. *et al.* Psychological consequences of prenatal diagnosis in a case of familial Angelman Síndrome. Prenat Diagn 2006; 26:1156–1159.

[11] Zeanah C.H. *et al.* Do women grieve after terminating pregnancies because of fetal anomalies? A controlled investigation. Obstet

Permíteme que te muestre algunos ejemplos de estudios científicos recogidos en la Biblioteca Nacional Americana de los Institutos de Salud (NCBI - Pub Med), cuyos criterios de publicación son muy estrictos y requieren una evaluación externa del artículo por, al menos, dos profesionales, además de un rigor en el diseño del estudio que se pretende publicar.

Un grupo prestigioso de profesionales sanitarios de varios departamentos del Centro Universitario Médico de Utrecht (Holanda) examinaron periódicamente hasta 7 años después de la intervención a más de 300 madres y padres que había abortado por malformación. Sintetizando los resultados más relevantes, los porcentajes de sintomatología de estrés postraumático y de depresión encontrados fueron de un 44 y 28%, respectivamente, en mujeres a los 4 meses del aborto; y de un 17,3% para el estrés postraumático de los 2 a 7 años tras el aborto[12].

Este mismo equipo de investigadores ha remarcado que el aborto tras el diagnóstico de malformación es un evento muy determinante para la mayoría de las mujeres ya que al

---

Gynecol 1992; 82: 270-5; Dallaire, L. *et al*. Parental reaction and adaptability to the prenatal diagnosis of fetal defect or genetic disease leading to pregnancy interruption. Prenat Diagn 1995; 15: 249-259; Kersting A. *et al*. Grief after termination of pregnancy due to fetal malformation. J Psychosom Obstet Gynaecol. 2004; 25:163-169.

[12] Korenromp M.J. *et al*. Long-term psychological consequences of pregnancy termination for fetal abnormality: a cross-sectional study. Prenat Diagn 2005; 25: 253-60; Korenromp M.J. *et al*. A prospective study on parental coping 4 months after termination of pregnancy for fetal anomalies. Prenat Diagn 2007; 27: 709-716.

menos un 20% sufre de problemas psicológicos después de un año de la intervención[13].

Desde el Departamento de Psiquiatría de la Universidad de Münster (Alemania) se ha publicado recientemente que en 62 mujeres que abortaron por malformación fetal se encontraron más frecuentemente alteraciones psicológicas como la depresión y el estrés postraumático que en casos en los que sufrieron abortos espontáneos, o dieron a luz bebés prematuros o a término. En concreto más de un 16% de las mujeres presentaron trastornos psiquiátricos al ser evaluadas 14 meses tras el aborto[14].

Basta este botón de muestra para que percibas que lo que podría pasarte tras el aborto puede ser más complejo que tras una simple intervención quirúrgica.

Puede haber personas próximas que pretendan minimizar estos riesgos de sufrir problemas y enfermedades mentales. Pero los problemas psicológicos y psiquiátricos son más limitantes de lo que pudieran parecer, sobre todo si se tienen más hijos que cuidar, que actúan frecuentemente como conectores o estímulos que recuerdan la pérdida del hijo enfermo. Al fin y al cabo, siempre habrá un hijo que te

---

[13] Korenromp M.J. *et al*. Adjustment to termination of pregnancy for fetal anomaly: a longitudinal study in women at 4, 8, and 16 months. Am J Obstet Gynecol 2009; 201:160.e1-7.

[14] Kersting A. *et al*. Complicated grief after traumatic loss: a 14-month follow up study. Eur Arch Psychiatry Clin Neurosci. 2007; 257:437-43; Kersting A. *et al*. Psychological impact on women after second and third trimester termination of pregnancy due to fetal anomalies versus women after preterm birth--a 14-month follow up study. Arch Womens Ment Health. 2009; 12:193-201.

pregunte qué ha pasado con su hermanito o hermanita. Y hay secretos que no pueden guardarse siempre…

Capítulo 6

Testimonios de madres que abortaron tras un diagnóstico de malformación

Quiero que sepas toda la verdad, y, para ello, nada mejor que te lo cuenten cinco mujeres que abortaron a un hijo con un defecto genético o malformación y acudieron a AVA a solicitar ayuda psicológica. Son testimonios reales y literales que también están accesibles en la web de dicha asociación[15].

CRISTINA: su bebé fue diagnosticado de enanismo.

"Me llamo Cristina, tengo 28 años y ésta es mi reciente historia de aborto. Apenas hace una semana perdí a mi pequeña, aunque mi calvario empezó hace unos dos años cuando me diagnosticaron una malformación en el útero que debía ser intervenida para poder quedarme embarazada.

Yo siempre he querido ser madre, es algo que llevo muy dentro de mí, el instinto materno siempre ha estado presente, y cuando surgió el problema con mi útero no podía creer que me estuviera pasando a mí... ¿Por qué no me faltaba un riñón? ¿Por qué no tenía problemas con mi estómago o mis pulmones? o... Nada

---

[15] Pueden consultarse los testimonios íntegros online en www.vozvictimas.org/testimonios/index.php

menos mi útero, que tanto lo necesitaba para poder ser madre...
(...)

Durante un año fui intervenida dos veces del útero y estuve recuperándome satisfactoriamente... Tan satisfactoriamente que en cuanto me dieron el alta me quedé embarazada ¡a la primera! No me lo podía creer. Mi sueño se había hecho realidad, mis oraciones habían sido respondidas.

¡Nunca había sido tan feliz! Aunque los tres primeros meses fueron duros, tuve mucho miedo a que algo estuviera mal, a sufrir un aborto, a que mi útero no respondiera bien... Y además estuve vomitando sin parar y adelgazando en vez de engordar... Pero mi marido y yo día a día, viendo como todo iba bien y hacia adelante... No lo podíamos creer... Estábamos tan y tan felices...

Como era un embarazo un tanto delicado por mis intervenciones anteriores, mi ginecólogo me hacía una ecografía cada 4 semanas más o menos. A las 17 semanas fuimos a la consulta esperando nerviosos que pudiéramos saber el sexo del bebé... Pero en vez de eso, el médico apreció unas malformaciones en las extremidades que le dejaron muy preocupado y nos pidió cita para el día siguiente con un especialista en ecografías morfológicas para que corroborara lo que había apreciado él.

Esa noche no pudimos dormir y, aunque nos quedaba la esperanza de que el ginecólogo se hubiera equivocado, el miedo se apoderó de nosotros. (...) Pero en la ecografía morfológica quedó claro el diagnóstico, nuestra pequeña, tenía una enfermedad muy rara, un tipo de enanismo, que era incompatible con la vida; en esta enfermedad, la caja torácica no crece suficiente para dejar que los órganos vitales puedan funcionar correctamente. Era cuestión de semanas que nuestro bebé muriera en mi tripa o incluso muriera a las pocas horas de nacer. El médico nos aconsejo rotundamente poner fin al embarazo, mi ginecólogo también lo creyó conveniente… Su argumento era que debía pensar en mí, y en los problemas de salud que podía tener si continuaba con el embarazo y se moría dentro.

En ese momento, entré en una espiral de acontecimientos que recuerdo muy poco, solo sé que no pensaba con claridad y que de repente no podía tocarme la tripa o mirarme al espejo desnuda… No quería que se moviera dentro de mí… No puedo entender esta reacción que tuve de rechazo… La quería tanto…

Arreglaron todo para que a los dos días estuviera en la clínica Tutor Médica de Barcelona y poner fin a mi embarazo.

No puedo describir con palabras el horror que viví allí… Me arrepiento tanto de lo que hice… No sé si podré perdonarme nunca… fui tan egoísta… no sé si podré perdonarme nunca… Porque aunque mi hija no hubiera vivido, ¿quién soy yo para decidir cuándo tiene que morir? (…)

En la clínica, primero me hicieron un preoperatorio que consistió en: una ecografía (donde se me dijo que estaba de 19 semanas y pico, cosa que es mentira, lo que pasa es que a partir de la semana 18 son 400 € más), una analítica, una visita ginecológica (que duró 15 segundos y que aún me pregunto qué es lo que miraron), una visita con el psiquiatra (que consistió básicamente en hacerme firmar unos papeles y en contarme dos casos supuestamente peores que el mío para que me sintiera mejor; en ningún momento se me preguntó si estaba segura, si me sentía bien…), y una visita con la anestesista.

Al día siguiente, a primera hora de la mañana ingresé en la clínica. Desde el momento en el que entré empecé a llorar y no paré hasta que salí… Aunque me advirtieron que si no dejaba de llorar no me iban a intervenir y me iban a mandar con el psiquiatra (ojalá lo hubieran hecho). Me pusieron en una sala con camas y camillas y más mujeres. Allí estuve dos horas con el gotero puesto dilatando, empecé a tener dolores y la tripa se me puso muy dura... qué horror, también me introdujeron algún tipo de medicación por la vagina. Yo pensaba que no podría levantarme de la cama... cuando me llevaron a quirófano y me subieron en el potro pensaba que me iba a morir... no podía estar pasando por aquello, Dios mío, vi una pequeña papelera al final de la camilla... donde imaginé que iban a depositar a mi pequeña, y empecé a temblar, mis piernas temblaban encima del potro en aquel quirófano cutre y empecé a gritar llorando 'nosotros la queremos, nosotros la queremos...' Pero enseguida me durmieron.

No sé el tiempo que pasó hasta que desperté otra vez en aquella sala con otras mujeres. En ese momento, sentí un vacío, ya no la tenía conmigo... no podía dejar de llorar... fue horrible... sólo quería ver a mi marido y abrazarle y que me llevara a casa.

Tuve que estar unas dos horas más en aquella sala viendo como entraban y salían mujeres del quirófano, una detrás de otra, algunas lloraban, otra alardeaban de que era la tercera vez que abortaba... otra preguntó por su bebé y le contestaron fatal diciéndole que si ya no se acordaba de lo que había venido a hacer... todas allí juntas, sin ningún tipo de intimidad (me sacaron una gasa de la vagina delante de todas ellas).

Cuando por fin salí de allí y pude abrazar a mi marido... nada había terminado, solo empezado, ya que desde entonces no puedo dormir, tengo pesadillas, tengo 'flash' de imágenes que me vienen a la cabeza... ya sé que es pronto, pero no sé si podré superar esto... el remordimiento que siento por haber matado a mi hija, por ser tan egoísta... Gracias por escucharme."

SUSANA: su bebé fue diagnosticado de Trisomía 18.

"Para empezar siempre he sido y soy totalmente contraria al aborto y para continuar mi marido y yo somos infértiles, así que las posibilidades de que nosotros pasáramos por una interrupción de embarazo parecían nulas, sin embargo, ironías de la vida, aquí estoy contando mi triste experiencia. En mi cuarta fecundación *in vitro* conseguí finalmente quedarme embarazada. La alegría que sentíamos era indescriptible, recuerdo esos primeros momentos del embarazo como la época más feliz de mi vida.

En la eco doppler de las 12 semanas se detectaron problemas, el feto era muy pequeño para la edad gestacional, se movía muy poco, tenía el pliegue nucal un poco aumentado y *ductus* venoso reverso (es un indicador que suele ir asociado a malformaciones cardíacas y a alteraciones cromosómicas). Me salió riesgo alto de Síndrome de Down, fue un golpe duro, lloramos un montón, pero lo fuimos aceptando, estábamos decididos a continuar con el embarazo y sacar adelante a nuestro hijo. Era un dolor indescriptible, pero lo podíamos asumir. Hicimos la amniocentesis para estar seguros y estar preparados para cuando naciera la criatura, pero el resultado fue algo que nunca hubiéramos imaginado: tenía Trisomía 18 y nos dijeron que era incompatible con la vida.

Cuando me comunicaron el resultado yo dije que continuaría mi embarazo y mi hijo viviría lo que Dios quisiera, pero ocurrió algo que no me esperaba. Mi hermano, que es ginecólogo, me dijo que no podía consentir que yo continuara, que era una barbaridad, que estos niños están muy mal y que él no iba a consentir que terminara el embarazo. Nos reunimos toda la familia y decidimos interrumpirlo. Ahora lo pienso constantemente y no entiendo por qué no me planté. Era mi hijo y era yo quien debía decidir, no debí dejarme convencer tan fácilmente. Pasaron dos días terribles en los que me avergonzaba y ni me atrevía a hablar con mi hijo.

Todo lo que ocurrió desde el momento en que salí de casa hasta que salí del hospital tras la interrupción está grabado en mi mente de una manera que jamás se podrá borrar. Estuve muy sedada, pero a pesar de eso lo recuerdo todo. En el último momento me anestesiaron totalmente, así que ni siquiera llegué a ver a mi bebé. Desde el mismo instante en que me desperté de la anestesia fui consciente de la barbaridad de lo que acababa de hacer y me arrepentí profundamente de lo que había hecho, no podía entender cómo pude hacerle esto a mi propio hijo, debía haber dejado que viviera el tiempo que Dios tuviera dispuesto.

Al principio me sentía tan mal que creía que me iba a volver loca, es lo más horrible que alguien pueda experimentar, es un dolor con mayúsculas. Sé que me pase lo que me pase en esta vida, no habrá nada que me pueda doler tanto. Todo mi cuerpo me decía que allí faltaba un bebé, además tuve subida de leche, fueron unos momentos terribles. Después, todo va volviendo aparentemente a la normalidad. Al principio lo hablaba en casa con mi marido, con mis padres y con mi hermana, pero poco a poco parece que molesta que se hable y ni siquiera lo puedes nombrar y queda en tu mente y en tu alma para siempre. Aparentemente haces una vida normal y puede parecer que estás bien. En mi caso hay hasta quien me envidia porque no tengo hijos y tengo mucho tiempo libre, pero sólo yo sé el dolor tan grande que esconde mi alma.

Una cosa así hace tambalearse los cimientos de tu vida, de tu matrimonio, de tu fe y de todo absolutamente todo.

Qué mejor que cuidar a mi hijo enfermo podría haber hecho yo en esta vida, el tiempo que hubiera sido, unas horas, unos días, unos meses. Acompañarle y mimarle hasta el último momento. Hacerle sentir que era querido. Pero en vez de eso lo eché de mi vida. Me siento una mala madre y una mala persona.

Espero que mi experiencia sirva a alguien a replantearse una decisión que no se puede tomar a la ligera, pues sus consecuencias para muchas personas, en primer lugar para el bebé son irreversibles y de consecuencias nefastas."

MI NIÑA (pseudónimo): su bebé fue diagnosticado de una malformación cardiaca.

"Bueno, empiezo a escribir, nunca lo he contado a nadie, ni siquiera a mi psicólogo, sólo he ido dos veces, yo misma pedí el alta.

Cómo no, me quedé embarazada y cuando fui a hacerme la ecografía de 20 semanas me detectaron que mi hija venía con un problema de corazón.

¿Qué sentí? No sé explicarlo... Rabia, dolor, impotencia, en una palabra: me aterré. Pero por muchos motivos decidí interrumpir el embarazo y abortar.

Elegí irme a Madrid, me dieron cita el 21 de Marzo en la Clínica el Bosque, tuvo que pasar una semana hasta llegar ese día. Ahora pienso en cómo pasé esa semana, sin comer casi para no sentirla, fumando muchísimo y leyendo.

Mi madre me acompañó, pero aún recuerdo sus palabras 'Si tú te vas al infierno yo me voy contigo, que Dios nos perdone'. Quiero decir que mi familia me apoyó para que no abortara, mis hermanos me decían que entre todos estaríamos allí con ella, que los médicos son unos exagerados... Pero yo cabezota de mí, no quise oír nada.

Llegó ese día, pasamos a por mi madre a las seis de la mañana, ni siquiera nos dijimos buenos días, no hablamos nada, paramos el coche para desayunar, miré a mi madre y le pregunté:

- ¿Y el papá?

- Se ha quedado llorando – dijo mi madre.

Salí del coche y me puse en la ventanilla donde estaba mi madre, la miré y le dije: 'se me ha ocurrido una idea'; ella me contesta casi sin mirarme: 'tú y tus ideas, mira que no cambias'. Le dije yo 'Sabes, quiero evitar que el papá lo pase mal, por qué no le decimos que la niña estaba muerta, no tiene por qué enterarse'. Por esta razón no cuento nada, mi padre es una persona importante para mí, no quiero que sepa nada.

Llegamos a la clínica, me hicieron una ecografía, que yo no me atrevía a mirar, al salir de la consulta mi madre me dijo: 'Vámonos de aquí, esto no me gusta'. Esta frase me la repitió como unas cinco veces más.

Me ingresaron, me pusieron un gotero para dilatar y me metieron para ponerme la epidural. Entró una mujer, me dijo que era médico, me sentó en el potro y me separo las piernas, me introdujo algo (me imagino otra anestesia), me miró y me dijo que iba a sentir un poco de frío. Aún recuerdo cómo miró ella al que me puso la anestesia y le dijo que qué me había puesto. Él dijo que un poco de Valium porque estaba muy nerviosa.

Con ese frío estuve por lo menos una hora, sólo pedía que se me pasara para cuando viniera mi madre, y en ese mismo instante pensé 'ya está, la han congelado' y que no había vuelta atrás. Pasaban las horas pero yo no dilataba, sentía muchísimos dolores y fiebre, así hasta las seis de la mañana que vi salir a mi hija. Quise cogerla pero no me dejaron, creo recordar que ella se la metió en un bolsillo, no me hagáis mucho caso, a lo mejor no, pero yo la quería coger. Era mía ¿no? Entonces fue cuando ya mi cuerpo no aguantó más y me quedé durmiendo.

A las siete y media me quitaron los goteros, me levanté, fui al servicio a ducharme y empecé a registrar la papelera por si estaba allí, no encontré nada.

Consecuencias de todo esto, el dormir..., porque sueño con ella aunque eso me gusta. Psicológicas: miedo a volver a quedarme embarazada, creo que me estoy autocastigando con esto. Cambios de humor, no disfruto con las cosas pequeñas de la vida, aunque me venga todo lo bueno. No me ilusiono con nada, no puedo mirar a ninguna niña recién nacida... Consecuencias físicas: me tengo que medicar para siempre, todos los días.

Pero lo que me da más miedo, es que alguna vez se lo tendré que contar a mi hija, ése es el pánico que tengo."

MARÍA: su bebé fue diagnosticado de Síndrome de Down.

"Hola, mi nombre es María y tengo 43 años. El pasado día 12 de abril del 2010 he pasado por una IVE de 15 semanas. Ha sido la decisión más equivocada de mi vida y la última oportunidad de tener un hijo/a dada mi edad.

Yo estaba muy contenta con tener un hijo/a, así que llegué a las 12 semanas. Estaba todavía más contenta, había pasado por 2 abortos naturales, uno de 5 y otro de 8 semanas y el llegar a ese número de semanas me daba una especie de tranquilidad de que este embarazo iba llegar hasta el final. ¡¡Qué mala sombra!! A las 12,4 semanas fui hacerme las pruebas del triple screening y el resultado de las mismas fue adverso según los médicos (ginecólogos). Cuando estaban haciéndome la ecografía el médico me dijo 'esto pinta muy mal'. El corazón se me encogió y a partir de ahí ya no fui la misma. Tenía una traslucencia nucal de 4,6. *Ductus* venoso adiastólico y hueso nasal ausente. El análisis de sangre también dio mal. Según ellos el bebé venía con toda probabilidad con una cromosopatía asociada a un problema cardiaco y todo pintaba muy mal: me vi en un túnel muy oscuro sin salida.

Soy una persona nerviosa, hipocondríaca y eso me afecta mucho a sobrellevar cualquier problema. Yo no entiendo nada de medicina, ni sabía nada de esos marcadores, me fié de los médicos y supuse que tenían razón. Fui a hacerme voluntariamente la biopsia de corion, al menos para saber lo que tenía mi bebé, y otra vez mala suerte, no pudieron hacérmela porque tenía la placenta muy arriba y la especie de barita metálica que te meten no llegaba. En ese momento la médica que me atendía llamó a otro médico y me firmaron el papel de la IVE por malformación, me dijeron que las posibilidades eran nulas y era una de las soluciones. Yo quería llegar a la amniocentesis, pero antes que nada pregunté (mi error) '¿Un aborto a las 15 semanas es igual que a las 18?' Y la doctora me contestó: 'No, cada vez es mas riesgoso para ti, y es peligroso', con esto me quitó la idea de la amniocentesis, yo ya no pude pensar, ellos no me daban esperanza ninguna. Salí de allí y cuando llegué abajo vomité en media planta del hospital; me encontraba mal.

Llegamos a casa y me puse a llamar a centros privados a ver si podían hacerme una ecodoppler o repetirme la prueba para ver una segunda opinión, todo estaba ocupado, no conseguí hacérmela en ningún sitio y después de las 13 semanas ya no era efectiva. No podía estar pasándome eso a mí, viviendo en Madrid con tantos hospitales. Lo único que conseguí fue una cita con un ginecólogo privado que también me aconsejó el aborto y me dijo: 'Pues mira que le decimos a las mujeres mayores de 40 años que no se queden embarazadas…'.

El día 12, como he dicho, me hice la IVE, no se por qué razón. Al día siguiente de hacérmela sufrí una crisis de ansiedad. Ya no se podía volver atrás. Estoy de baja, sigo mal psicológicamente, lloro por cualquier cosa, me he hecho menos sociable y la verdad no tengo apoyo de nadie, nunca lo he tenido. Ya me da igual todo, quizás éste sea mi castigo.

Recuerdo el día que fui hacerme la IVE, la sala, nunca pensé que podría haber tanta gente, las miradas vacías de todas aquellas mujeres y las de sus acompañantes, era peor que un entierro, la gente no hablaba y no se me va de la imagen una chica muy joven (aparentaba menos de 18 años) se le notaba mucho la barriga y estaba tirada en el sofá. El quirófano era como una fábrica que funcionaba a destajo.”

CRISTINA: su bebé fue diagnosticado de Trisomía 20.

“Cuando nos diagnosticaron que nuestro hijo venía con Trisomía 20, la propia ginecóloga no sabía qué información darnos al respecto, pues ella misma no tenía ningún tipo de información y le dijimos que cómo podía darnos un resultado sin previa consulta con otros profesionales. Lo primero que nos dijeron fue que la mejor solución sería no seguir adelante con el embarazo, pues no sabrían decirnos qué calidad de vida tendría nuestro hijo.

Nadie nos dijo en ningún momento que siguiésemos adelante con el embarazo, solamente nos decían que ellos no seguirían y que para nosotros la mejor solución era abortar. No nos informaron de que había asociaciones que nos podrían ayudar, o a dónde dirigirnos, mucho menos me informaron del síndrome post aborto y yo sola tuve que ir descubriendo cosas que me iban sucediendo, como por ejemplo la subida de la leche.

A día de hoy abortar sigue siendo un tema tabú, así que cuando regresé a casa nadie me volvió a preguntar cómo me encontraba, y tuve que afrontar yo sola el sufrimiento y la culpa de haber abortado. Como tampoco tuve derecho a un duelo por la pérdida de mis bebes.

Durante cuatro años he tenido y sigo teniendo pesadillas, sueño que pierdo a mis hijas en el supermercado, que se ahogan en la piscina, o que alguien intenta quitármelas. Después de mi experiencia y tomando en cuenta la actual revisión de la ley yo cambiaría varias cosas, pero la primera de todas es que antes de dar un diagnóstico se sepa de qué se está hablando. Que el aborto no sea la única solución, sino que se den diferentes alternativas como entregar en adopción el bebé. También es importante que las madres sepamos de la existencia del síndrome post aborto. Igualmente me gustaría que la madre tuviese derecho al cuerpo del bebe, si ella así lo desea, para que pueda recibir un entierro digno como cualquier otro ser humano."

Capítulo 7

Mi hijo es… mi hijo

Sí, tu hijo es ése… tu hijo es diferente. *Ése* es tu hijo. Es decir, que si tu hijo se llama Ricardo, y tiene un cromosoma de más en la mayoría de sus células, pues él es así. No es que desees que Ricardo esté enfermo, es que él tiene desde el principio de su existencia un cromosoma de más, es diferente, tiene otras capacidades, y no *existe* un Ricardo de otra forma. No hay más Ricardos. Si tiene un cromosoma más en cada célula (el 21 por ser Síndrome de Down) y, de repente, apareciera con sus 23 pares de cromosomas, en su número normal, no sería Ricardo, sería *otro* hijo.

Lo voy a expresar de otra forma: Ricardo es un bebé que tiene 23 pares de cromosomas y uno de más en cada célula. *Ése* es Ricardo.

Medítalo con los ojos cerrados. Te dejo unos segundos para ello: visualiza a tu hijo tal y como lo has visto en la ecografía, y después imagina otra cara y otro cuerpo. Prueba a hacerlo con otros hijos, o con sobrinos o hermanos.

¿A que es un poco absurdo querer que nuestro hijo sea diferente, lo que se entiende por "normal" conforme al número de cromosomas, *sin dejar de ser* él mismo?

Ricardo no es "las expectativas" que tenías tú de Ricardo. Es Ricardo. Los ideales y expectativas no tienen cuerpo, y sólo existen en tu mente. Son irreales, no existen. Lo siento.

Además, no es infrecuente que lo que se espera y diseña para los hijos sean proyecciones de aquello que habrías querido para ti.

Lo que voy a decirte ahora es un bastante duro: quieres un hijo "perfecto". Pero, ¿tú lo eres? ¿Por qué quieres para tu hijo o hija aquello que tú no has precisado para llegar a ser una persona plena? ¿Es que acaso te sientes incompleto o incompleta? Si es así, ¿por qué crees que tu hijo o hija también lo están? Déjale a él que opine sobre sus capacidades y que desarrolle las que estén a su alcance, no las que tú quieras. Y, peor aún, las que tú le exijas.

Tu misión como madre o padre es cuidar a tu hijo, no sobreprotegerlo. No puedes evitar que tus hijos cometan tus mismos fallos. Tendrás que estar preparada con las tiritas y el agua oxigenada para curarle las heridas aunque lo que desees sea que no salga de tu útero, y, de la casa, por extensión.

HABLA UNA MADRE PRIVILEGIADA

Lo explica mucho mejor que yo Sol, que es médico y, además, madre de un hijo diferente, que es Síndrome de Down.

SOL ORTIZ DE ARTIÑANO: madre de Jaime.

"Es mi quinto hijo, un adolescente de 16 años Síndrome de Down. Quiero fundamentalmente dar testimonio de mi experiencia como madre. Yo no concibo el aborto desde esta experiencia vital porque ha sido totalmente enriquecedora. Los temores iniciales, el desconocimiento, el sentimiento de que el hijo con discapacidad que se espera va a condicionar negativamente la vida, el miedo a no poder superar esa situación y a no ser feliz, y la preocupación de que tu hijo tampoco lo será, pueden llevar a una mujer a tomar la decisión de abortar. Sin embargo, estos temores no son luego una realidad. Se piensa que un hijo con discapacidad te hipoteca la vida, pero luego no es así. Es un hijo más.

Al principio, te puede exigir más dedicación y sacrificio, pero también el cuidado de los otros hijos te lo puede exigir. Mi vida es prácticamente la misma que antes de nacer Jaime. Tenemos una vida totalmente normalizada y el ir descubriendo en la convivencia sus valores nos ha hecho mejores personas. Su presencia aporta una felicidad inmensa en su entorno. Nuestra vida se ha enriquecido. Nos ha cambiado la escala de valores.

Jaime es un discapacitado intelectual, pero es un privilegiado a nivel emotivo, es un superdotado afectivo. Es el primero que capta una situación de tristeza o preocupación en su entorno familiar y se pone a su lado. Nos da continuamente lecciones de vida.

Es feliz con lo que tiene porque no necesita nada más, es feliz porque se siente aceptado y querido con sus límites. Creo que la sociedad no debe perderse la posibilidad de enriquecerse con personas de tan alto nivel humano donde priman la sencillez, la humildad y la ausencia del propio ego. No hay que confundir discapacidad con incapacidad. Tendremos que hablar de capacidades diferentes y tendremos que propiciar las condiciones idóneas (económicas, sociales, etc.) para su pleno desarrollo pero todo comienza respetando su derecho a la vida."

No sé qué piensas de lo que nos ha escrito Sol. Quizás creas que es una madre amargada que no ha triunfado en la vida. Nada de eso: yo la conozco en persona y es una mujer atractiva, trabajadora, valiente, alegre, que quiere muchísimo a su marido y a sus cinco hijos. Y a la que quiere todo el mundo. Además, es patrona de la Fundación Síndrome de Down de Madrid.

¿Cómo sería Sol sin su hijo Jaime? Imagínatelo por un momento. Yo creo que no sería ella. Porque Sol es la madre de Jaime, es *su madre*. Sería otra Sol.

Y, ¿qué sería del mundo si Jaime no hubiera nacido? Esta pregunta es mucho más difícil de contestar. Sería un mundo *sin Jaime*. No puedo imaginármelo sin pensar en todo lo que nos habríamos perdido.

Capítulo 8

La metaforfosis

Ahora me gustaría que pudieras sumergirte en un lago. Vas a experimentarte a ti misma, a ti mismo. Ahora estás nadando debajo del agua, sin problemas de falta de aire, como si fueras un pez de agua dulce.

Estás moviendo tu cuerpo a tu gusto, armoniosamente y sin esfuerzo. Te sientes libre y confortada, confortado. Estás en tu ambiente, en tus expectativas y en tu marco de suficiencia.

Voy a hacerte un "tercer grado": ¿Te gusta todo lo que eres y tienes? ¿Qué es lo que te gusta más de tu cuerpo, de tus capacidades y de tus proyectos? ¿Y lo que menos? ¿Sueñas con una familia "perfecta"? ¿Qué ideales tienes? ¿De qué tienes miedo?

Piensa en las personas que te quieren y a las que quieres. ¿Qué te dicen sobre tu vida, tus virtudes y defectos? ¿Crees que ha sido positivo conocerles y amarles?

Ahora quiero que detengas tu nado bajo el lago y veas que ha aparecido una barrera de cristal en la superficie. No puedes salir. Alguien ha puesto un techo a ras del agua y no te permite sacar la cabeza. Además, siento decirte que se te está acabando tu capacidad de respirar bajo el agua.

Has sido víctima de una trampa y nunca más podrás salir con vida. Resulta que ya no volverás a tierra firme con tu familia y amigos. Vas a morir.

Contesta sinceramente: ¿Quién te echará de menos? ¿Qué se quedará sin hacer?

ABORTAR ES MORIR A UNO MISMO

Esto ha sido sólo un ejercicio. La vida que has estado a punto de perder es la que dilapidas abortando a tu hijo. Abortar a tu hijo es rechazar la vida a la que estás llamada, porque tras la intervención, tú no eres ya la misma. Al abortar, voluntariamente eliges ser otra persona, porque mueres a tu vida de madre. Hay una muerte de la madre, del padre que estabas llamada o llamado a ser con ese hijo, esa hija.

En realidad, una vez que estás embarazada, ya eres madre. La única decisión que tienes que tomar es si quieres ser madre de un hijo vivo o de un hijo muerto.

Esto te estará resultando muy duro. Estoy confrontándote con tus pensamientos y querrás cerrar este pequeño libro y tirarlo a la basura. Sólo te pido que esperes diez minutos más.

Abortar un hijo que no es como se espera, que rompe nuestros planes de familia "perfecta" es una forma de suicidio simbólico. Es un intento de "borrón y cuenta nueva", una marcha hacia atrás en escapada que no es posible. Es una autolesión grave y una forma de castigo porque crees que "algo ha salido mal".

Pero nada ha salido mal: tu hijo o hija es así, no es que "esté mal", es que es Síndrome de Down o tiene espina bífida o una cardiopatía congénita. No es como tú esperabas, tu hijo es diferente, y, con el tiempo y la ayuda médica, verás que tiene la mejor de sus posibilidades de ser él o ella.

SUFRE UNA METAMORFOSIS

La persona que voluntariamente vence el miedo y se lanza a la aventura del amor y el dolor, sale del lago cambiada. Ha sufrido una metamorfosis. Deja su piel anterior, por otra nueva. Ella antepone la felicidad de su hijo y de su hija, a su comodidad y su terror a lo desconocido.

La metamorfosis consiste en que desde que acepta a su hijo, a su hija, la vida recobra un color especial para esa persona, que mucha gente no es capaz de apreciar. Ella acepta y descubre el regalo que supone su hijo. Las madres comentan que aparece un sentido nuevo y especial para apreciar la belleza en ese hijo que otras personas no pueden captar.

Volviendo a la imagen del lago, a esos padres les surgen unas aletas, unas branquias especiales para vivir en otra atmósfera. No se encuentran ya más atrapados, sino en su medio. Acaban de tirar por la borda sus expectativas, sus ideas falsas de perfección. Pueden vivir dentro y fuera del lago: no hay amargura para ellas, porque han aprendido a amar lo diferente. Su amor ya no tiene fronteras y puede traspasar el cristal.

Amar es querer que algo exista, potenciarlo y cuidarlo como es. El que ama es feliz, pero no está inmune al dolor. Como hemos visto ya, no hay amor sin sufrimiento, ni felicidad sin dolor. Es un dolor que nace de pensar antes en el otro que en uno mismo, porque no quieres que se dañe aquél a quien estimas. También es el dolor del propio egoísmo, que está presente en la verdadera entrega. Amor y sufrimiento, felicidad y dolor son las dos caras de la misma moneda.

No basta con aceptar a tu hijo: el cambio y metamofosis se produce al amarlo *tal y como* es. Amarlo con sus cromosomas de más y con su defecto del tubo neural.

El amor es compromiso: es un quedarse para lo que necesite ese hijo. Hasta que no lo experimentes, no lo podrás describir y explicar. Ni yo misma puedo comprender en profundidad el misterio, pero, después de escuchar a muchas madres, he podido atisbar el significado de la maravillosa frase: "amar a un hijo *tal y como* es".

LA MISIÓN DE TU HIJO EN EL MUNDO

Y, entonces, tu hijo discapacitado ¿qué misión tiene en el mundo? ¿Para qué ha nacido así, diferente?

Tu hijo es tu rastro en la historia hecho carne. Tu hijo es tu oportunidad de cambiar y ser tu verdadero tú: no la imagen falsa que tienes de ti. Me refiero a tu yo más auténtico, el que puede ver por ese sentido especial, y captar la belleza y lo sublime en lo "imperfecto" y lo débil.

Tu hijo enfermo es el tren que pasa sólo una vez, para enseñarte lo que es amar. Para mostrarte que es posible amar sin recibir, aparentemente, nada a cambio. Sin recibir, probablemente, premios por las mejores notas en el colegio, sin tener nietos a los que cuidar porque no llegarán... Porque es posible entregarse para hacer el bien en estado puro al otro, una vez que se ha sufrido esa metamorfosis del lago.

El bien que has de hacer consistirá en ser su madre, en ser su padre, sabiendo, de antemano, que será un hijo diferente, pero no por ello peor o mejor. Será único, al igual que tú como mujer eres única, que tú como varón eres único. Será tu hijo, *tu* hijo. La mejor versión de sí mismo. Porque no hay segunda edición de las personas.

Al final de tu existencia, estarás orgullosa/o de haber luchado por toda tu familia, por aquellos más fuertes, y por los más débiles. Tu vida habrá sido una epopeya, y, vosotros, unos héroes. Te descubrirás a ti mismo cuando te "regales" a tu hijo.

Una mujer que pierde a un hijo en un aborto, de esta forma tan violenta y con su colaboración expresa, siente que ha fallado a su misión radical como madre. Es un sentimiento perenne y un sufrimiento profundo que contrasta con el testimonio de la heroína a la que estás llamada.

Te presento a una heroína reciente, que no es famosa por nada deportivo, político o del mundo del espectáculo. Es famosa por lo que hizo el último día de su vida, porque tuvo testigos y la prensa se encargó de honrarle. Aunque ella hizo lo que tenía que hacer. Te presento a una madre: Amalia

Filloy Segovia, víctima mortal del accidente de avión de Barajas en agosto de 2008. Sabía cuál era su misión como madre, y, además, la conoció en profundidad viviéndola. Sin más teorías.

Amalia aguardó malherida entre los amasijos de la aeronave hasta que vio que un bombero se llevaba con vida a su hija pequeña tras pedirle, en sus últimas palabras: "Salve primero a mi hija".

¿Has elegido ya por lo que quieres "morir"? ¿Por lo que quieres entregarte? Como decía Martin Luther King "Si el hombre no ha descubierto nada por lo que morir, no es digno de vivir."

Te invito a "morir" como renuncia a tus expectativas de hijo "perfecto". Porque ya has entendido que, fuera de tu mente, no hay ningún hijo "perfecto", porque tú, madre, tampoco eres perfecta, y tú, padre, tampoco eres perfecto. Es más, me encanta cómo eres, perdón, cómo sois.

Por cierto, ya tengo la respuesta a esta última pregunta: la misión de tu hijo discapacitado en el mundo es que tú te aceptes como eres, y aceptes a tu pareja como es. Sólo así podrás aceptarle a él, a su vez.

Puedes llorar todo lo que necesites. Te invito a que lo hagas, porque ya hemos llegado al final.

Tienes que elegir qué camino escoger.

Debes elegir si quieres ahogarte en el lago o sufrir la metamorfosis. Ya sabes que será dolorosa, pero estoy segura de que serás profundamente feliz.

Anexo

Entidades para solicitar orientación y ayuda ante un diagnóstico de malformación

El camino no se hace sola/o. Necesitas el apoyo de los que te quieren y de aquellos que tienen la experiencia de haber recorrido ese sendero. Por ello incluimos en este Anexo algunas entidades de apoyo que precisarás para comenzar tu nueva vida, tu única vida posible como madre de tu hijo, como padre de tu hijo. *Ese* hijo del que hemos estado hablando desde el principio.

Federación Española de Síndrome de Down de España

Página web: www.sindromedown.net

Email: downespana@sindromedown.net

Tfno.: 91 716 07 10

Menudos Corazones: Fundación de Ayuda a los Niños con problemas de corazón

Página web: www.menudoscorazones.org

Tfno.: 91 373 67 46

Federación Española de Espina Bífida e Hidrocefalia

Página web: www.febhi.org

Tfno.: 91 415 20 13

Asociación Trisomía 13, Trisomía 18 y Otras Malformaciones Genéticas

Tfno.: 650 743 027

CERMI: Comité Español de Representantes de Personas con Discapacidad

Página web: www.cermi.es

Email: cermi@cermi.es

Tfno.: 91 360 16 78

AVA: Asociación de Víctimas del Aborto

Página web: www.vozvictimas.org

Email: equipomedico@vozvictimas.org

Tfno.: 91 523 86 74

Fundación Línea de Atención a la Mujer

Página web: www.lineadeatencionalamujer.es

Email: contacto@lineadeatencionalamujer.es

Tfno.: 900 500 505 – gratuito y 24 horas.